BEI GRIN MACHT SICH IHR WISSEN BEZAHLT

AF138435

- Wir veröffentlichen Ihre Hausarbeit, Bachelor- und Masterarbeit

- Ihr eigenes eBook und Buch - weltweit in allen wichtigen Shops

- Verdienen Sie an jedem Verkauf

Jetzt bei www.GRIN.com hochladen und kostenlos publizieren

Einführung in die Materialwirtschaft. Logistik und die Radio Frequency Identification Technologie

Beispiele aus der Unternehmenspraxis und Grundphilosophie des Toyota-Produktionssystems

Edi Patekar

Bibliografische Information der Deutschen Nationalbibliothek:

Die Deutsche Nationalbibliothek verzeichnet diese Publikation in der Deutschen Nationalbibliografie; detaillierte bibliografische Daten sind im Internet über http://dnb.d-nb.de abrufbar.

ISBN: 9783346725219
Dieses Buch ist auch als E-Book erhältlich.

Druck und Bindung: Books on Demand GmbH, Norderstedt Germany
Gedruckt auf säurefreiem Papier aus verantwortungsvollen Quellen

Das vorliegende Werk wurde sorgfältig erarbeitet. Dennoch übernehmen Autoren und Verlag für die Richtigkeit von Angaben, Hinweisen, Links und Ratschlägen sowie eventuelle Druckfehler keine Haftung.

Das Buch bei GRIN: https://www.grin.com/document/1276032

Einsendeaufgabe

Alternative A: Aufgaben 1, 2 und 3

Online hochgeladen am: 29.06.2021
SRH Fernhochschule

Modul: Betrieblich Wertschöpfung

Studiengang: Betriebswirtschaft (B.A)

Von:

Edi Patekar

Studiengang: Betriebswirtschaft (B.A)

2

Inhaltsverzeichnis

Abkürzungsverzeichnis

bspw.	=	beispielsweise
bzw.	=	beziehungsweise
d.h.	=	das heißt
od.	=	oder
z.B.	=	zum Beispiel
evtl.	=	eventuell
sog.	=	sogenannt
TPS	=	Toyota Produktionssystem
RFID	=	Radiofrequenz-Identifikation

4

1. Aufgabe A1

1.1 Ziele der Materialwirtschaft und Logistik

Der Begriff der Materialwirtschaft ist bei der Sicherstellung als auch der Versorgung mit Material von zentraler Bedeutung für die Unternehmenspraxis. Allgemein betrachtet umfasst die Materialwirtschaft die Funktionen der Beschaffung und der Logistik, um damit die Versorgung mit, als auch die Entsorgung von Gütern für alle Unternehmensbereiche und alle Kunden zu gewährleisten. [1] Die gegenwärtige wissenschaftliche Literatur geht diesbezüglich von einer integrierten Materialwirtschaft aus, worunter die Gesamtheit aller materialbezogenen Funktionen beschrieben wird, welche die Versorgung des Unternehmens und des Marktes, als auch die Steuerung des Materialflusses von den Lieferanten durch die Unternehmung bis zu den Kunden umfasst. In engem Zusammenhang mit dem Begriff der Materialwirtschaft steht die Logistik. Im heutigen Begriffsverständnis umfasst sie alle planerischen, ausführenden, steuernden und regelnden Maßnahmen sowie Instrumente zur Ermöglichung eines optimalen Material- Wert- und Informationsflusses im Rahmen der betrieblichen Leistungserstellung, und damit von der Beschaffung von Produktionsfaktoren über die Produktion und Verarbeitung, bis hin zur Verteilung im Rahmen der Distribution.[2]

Bei der Betrachtung der wichtigsten Ziele der Materialwirtschaft und Logistik lässt sich feststellen, dass diese zunächst aus den übergeordneten Unternehmenszielen abgeleitet werden. Allgemein formuliert unterscheidet man zwischen Kostenzielen, Sicherheitszielen, Qualitätszielen und Liquiditätszielen. In Bezug auf die Kostenziele ist es die zentrale Aufgabe der Materialwirtschaft, eine kostengünstige Produktion sicherzustellen und dabei die Beschaffungs- und Logistikkosten zu reduzieren. Im Hinblick auf die Sicherheitsziele spielt die Gewährleistung der Versorgung von Produktion und Absatz eine entscheidende Rolle. Genauer formuliert ist die Termineinhaltung bezüglich der Versorgung der Produktion und der Kunden mit Material, das prinzipiell wichtigste Ziel der Logistik. Dabei sollen hauptsächlich sogenannte Fehlmengenkosten vermieden

[1] Vgl. *Opresnik/Rennhak* (2015), S. 194-195.
[2] Vgl. *Kluck* (2008), S. 2-3.

werden. Diese entstehen, wenn Kunden oder die Produktion das notwendige Material zu einem vereinbarten Termin nicht erhalten. Daneben setzen Qualitätsziele bestimmte Anforderungen an die Eigenschaften der zu beschaffenden Güter. Damit hat der Beschaffungsbereich nicht nur das Ziel, die Materialkosten gering zu halten, sondern auch zu gewährleisten, dass die Materialien eine bestimmte Qualität aufweisen. Zudem stellen Liquiditätsziele eine weitere wichtige Zielsetzung der Materialwirtschaft dar, weil sie sicherstellen, dass die betriebliche Liquidität bewahrt wird. Dadurch soll das Unternehmen jederzeit in der Lage sein, die kurzen- und mittelfristigen Verbindlichkeiten zu begleichen.[3]

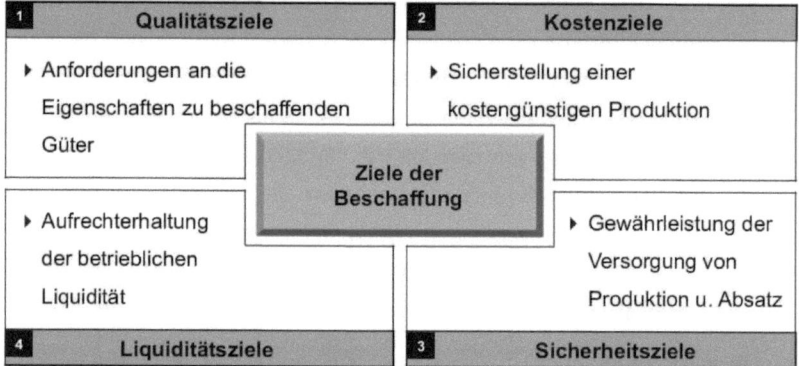

Abbildung 1: Ziele der Beschaffung (Quelle: Opresnik/Rennhak (2015), S. 196)

Speziell betrachtet können die wichtigsten Ziele der Materialwirtschaft und der Logistik folgendermaßen dargestellt werden:

- **Sicherung der Beschaffungsmärkte**: Dies soll durch ein bestimmtes Auftragsvolumen, den Austausch von Informationen zwischen Partnern und durch ständige Kontaktpflege ermöglicht werden.

- **Absicherung der Qualität und des Technologiestatus:** Qualität bezieht sich dabei nicht nur auf die Eigenschaften und Merkmale von Produkten oder Tätigkeiten, sondern sie beruft sich zudem auf Prozesse zur Produktherstellung und auf den Lieferservice und die Liefertreue.

---

[3] Vgl. *Opresnik/Rennhak* (2015), S. 195- 196.

- **Erschließung von Kosten- und Bestandssenkungspotenzialen:** Diese Zielsetzung bezieht sich auf die Senkung der Bestände und der Kosten im Außen- sowie im Innenverhältnis.

- **Optimierung der Kosten für die Materialbewirtschaftung:** Interne Kosten der Materialbewirtschaftung sollen reduziert werden und nicht zu sehr im Vergleich zu ihren Mitbewerbern abweichen.

- **Optimierung der Kapazitätsauslastung in der Fertigung:** Eine wichtige Voraussetzung hierfür ist die reihenfolgeoptimale und rechtzeitige Bereitstellung des Materials.

- **Verlängerung der Werkbank:** Teile der Fertigung sollen zunehmend im Inland als auch im Ausland fremd verteilt werden.

- **Verringerung der Fertigungstiefe:** Mehr Bauteile und Komponenten müssen fremd bezogen werden, wodurch die Wettbewerbsfähigkeit des Unternehmens verbessert wird.

- **Neue Wege in der Materialdisposition eingehen:** Der Lageraufwand kann bspw. durch die sogenannte Just-in-time-Beschaffung reduziert werden, während moderne Kommunikationsmittel die Disposition vereinfachen können.

- **Erfüllung der 6 R:** Materialien und Produkte sollen in der Richtigen Menge, als richtige Objekte, am richtigen Ort, zum richtigen Zeitpunkt, in der richtigen Qualität und zu den richtigen Kosten bereitgestellt werden.

- **Verringerung der Durchlaufzeit**

- **Planung und Umsetzung geeigneter Lager- und Verteilsysteme**

- **Optimierung des internen und externen Informationsflusses**[4]

---

[4] Vgl. *Kluck* (2008), S. 8-10.

1.2 Zielkonflikte in der Materialwirtschaft und Logistik

Die Zielsetzungen der einzelnen Funktionsbereiche werden aus der Gesamtzielsetzung eines Unternehmens abgeleitet, wodurch ein Abhängigkeitsverhältnis entsteht, welches bei der Zielformulierung von der Unternehmensleitung berücksichtigt werden muss. Dabei kann die Erfüllung der Einzelzielsetzungen im Widerspruch zu den Gesamtzielen des Unternehmens stehen. Wird bspw. eine kontinuierliche Sicherung der Materialbestände für die Fertigung im Bereich der Beschaffung angestrebt, so müssen größere Bestände vorgehalten werden. In der Folge führt dies zu einer Erhöhung der Kosten für das Unternehmen. Wenn andererseits z.B. im Absatz das Ziel angestrebt wird, dass auf Kundenbestellungen und Kundenwünsche möglichst schnell reagiert werden kann, so besteht die Notwendigkeit des Vorhaltens eines gesicherten Fertigwarenbestandes. Daraus ergeben sich höhere Aufwendungen für die Bestandshaltung.[5]

Strebt ferner ein Unternehmen das Ziel an die Lieferzeit zu verkürzen, so führt die Erfüllung zu einem Anstieg der Gesamtkosten für den Wertschöpfungsprozess, welcher sich aus den höheren Organisationsaufwendungen im Beschaffungs- und Absatzprozess ergibt. Daneben sind Zielkonflikte nicht nur bei gesamtunternehmensbezogener Betrachtung erkennbar, sondern sie bestehen auch zwischen Zielsetzungen der einzelnen Funktionsbereiche. Beispielsweise erfordert die Verringerung der Fertigungstiefe im Funktionsbereich der Produktionslogistik, eine gut organisierte und aufwendige Prozessorganisation. Insofern stellt sich dabei die Frage, ob diese Aufwendungen tatsächlich durch die verringerte Fertigungstiefe ausgeglichen werden.[6] Schließlich kann man sagen, dass das Erreichen der Zielsetzungen der einzelnen Funktionsbereiche stets neue Widersprüche entstehen lässt. Das Ziel der Logistik und seiner Bereiche bleibt es jedoch, solche

---

[5] Vgl. *Sommerer* (1998), S. 27, 35-36.
[6] Vgl. *Sommerer* (1998), S. 37-38.

Konflikte innerhalb eines Unternehmens zu vermeiden. Die folgende Tabelle soll abschließend mögliche Ziele und die daraus resultierenden Zielkonflikte darstellen[7]:

Bereich/Abteilung	Ziele	Zielkonflikt
Produktion	Hohe Verfügbarkeit der Materialien	Hohe Kapitalbindung
Distribution	Schnelle Lieferungen	Erhöhung der Transportkosten
Logistik	Hohe Verfügbarkeit an Informationen	Hohe Kosten für Software und Hardware
Einkauf	Just-in-Time Beschaffung	Evtl. Lieferengpässe, Fehlmengenkosten
Service	Optimaler Kundendienst	Hohe Kosten für das Personal
Qualitätssicherung	Hohe Qualität	Hohe Kosten für die Prüfung der Qualität
Lagermanagement	Hohe Teileverfügbarkeit	Hohe Lagerkosten

Abbildung 2: Mögliche Zielkonflikte (Quelle: Eigene Darstellung in Anlehnung an Wannenwetsch (2021), S. 8)

1.3 Lösungsansätze für Zielkonflikte

Die Lösungsansätze für die beschriebenen Zielkonflikte der Materialwirtschaft und Logistik, ergeben sich in erster Linie aus dem Setzen von Prioritäten. Schließlich können die Zielsetzungen eines Unternehmens in einzelne Hierarchieebenen und damit in eine Zielpyramide eingeordnet werden. Dadurch wird ersichtlich, dass die Wichtigkeit der Erfüllung der Ziele, ausgehend vom Gesamtziel mit der höchsten Priorität, nach unten abnimmt. Ein erster Lösungsansatz für die unternehmerische Führungstätigkeit zur Vermeidung von

---

[7] Vgl. *Wannenwetsch* (2021), S. 7- 8.

Widersprüchen wäre somit das Setzen von Prioritäten, ausgehend von den einzelnen Hierarchieebenen der Gesamt- Teil- und Einzelzielsetzungen.[8] Bevor Prioritäten bezüglich der Zielsetzungen zur Vermeidung von Zielkonflikten gesetzt werden können, muss definieren werden, welche Ziele das Unternehmen hat und wie diese zusammenhängen. Für die Unternehmensführung ist es diesbezüglich hilfreich, einen Einblick in das Alltagsgeschehen des Unternehmens zu bekommen, indem sie auf die Meinung und Perspektive ihrer Mitarbeiter hört. Für viele Führungskräfte ist es schließlich schwer einzuschätzen inwiefern ihre Entscheidungen die einzelnen Bereiche eines Unternehmens beeinflussen und welche Konflikte bezüglich der Zielsetzungen dabei konkret entstehen könnten. Beim Setzen von Prioritäten ist es zudem hilfreich auf das Eisenhower-Prinzip zurückzugreifen. In der sog. Eisenhower-Matrix werden Aufgaben in vier Kategorien nach ihrer Wichtigkeit und Dringlichkeit organisiert. Überträgt man dieses Prinzip auf das Setzen von Prioritäten zur Vermeidung von Zielkonflikten, so ergibt sich daraus, dass die wichtigen und dringlichen Ziele, also jene mit einer Deadline, von höchster Priorität sind.[9]

Abbildung 3: Zielpyramide (Quelle: Eigene Darstellung in Anlehnung an Sommerer (1989) S.27)

Oftmals tauchen im Unternehmensalltag neue Situationen wie bspw. eine Finanzkrise auf, welche für die Existenz eines Unternehmens bedrohlich sind. Um Zielkonflikte in diesem Sinne zu vermeiden und auf unvorhersehbare Ereignisse reagieren zu können, ist es notwendig in solchen Fällen kurzzeitig auf langfristige Ziele zu verzichten, indem Regeln aufgrund der neuen Prioritätensetzung bei Bedarf verletzt werden. Schlussendlich lässt sich

---

[8] Vgl. *Sommerer* (1998), S. 26.
[9] Vgl. *Kraus* (2018).

feststellen, dass Zielkonflikte im Prinzip nicht endgültig lösbar sind. Auch wenn in einem Unternehmen Vorsorge, bspw. durch Investitionen, betrieben wird, um auf lange Sicht erfolgreich zu sein, muss dennoch auf die Erfüllung des Tagesgeschäfts und auf die Beibehaltung der Liquidität geachtet werden. Konflikte zwischen den Zielsetzungen eines Unternehmens können folglich nur „gemanagt" werden, und zwar durch Entscheidungen darüber, wo Prioritäten gesetzt werden sollen.[10]

2. Aufgabe A2

2.1 Einführung in die RFID-Technologie

Unter der sogenannten Radiofrequenz-Identifikation, kurz RFID, wird eine automatisierte Identifikationstechnologie verstanden, bei der in der Regel eine Information mit einer Seriennummer, auf einem RFID-Transponder gespeichert wird. Diese Seriennummer kann mittels Funkwellen über eine Distanz von einigen Metern von einem Lesegerät registriert werden. Die Besonderheit der RFID-Technologie liegt darin, dass mehrere Transponder und damit mehrere Seriennummer vollautomatisch und zur selben Zeit vom Lesegerät erkannt werden können. Außerdem ist es möglich die RFID-Transponder in Objekte

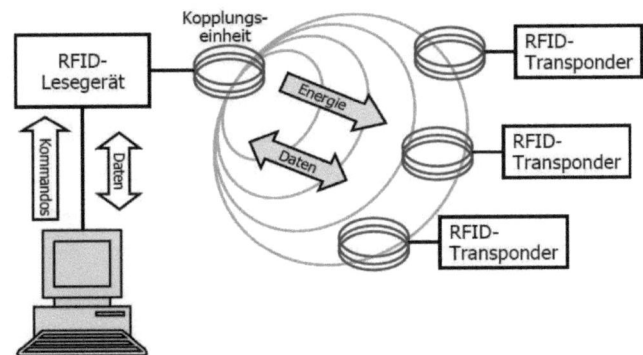

Abbildung 4: RFID-System (Quelle: Lampe et al. (2005), S. 3)

---

[10] Vgl. *Kraus & Partner.*

einzubetten, ohne dass sie von außen sichtbar sind, da keine Sichtverbindung zwischen dem Lesegerät und dem Transponder benötigt wird. Die RFID-Technologie ermöglicht zudem eine größere Lesereichweite und mehr Flexibilität bei der Veränderung von Informationen auf dem Datenspeicher des RFID-Transponders. Im Gegensatz zum Barcode bringt sie damit zahlreiche Vorteile mit sich.[11]

Im Wesentlichen bildet der Transponder, auch Tag genannt, die zentrale Komponente eines RFID-Systems, da er schließlich die Seriennummer speichert, wobei diese Informationen im Anschluss über kodierte Funkwellen ausgetauscht werden. Muss dabei der Transponder vom Lesegerät mit Strom versorgt werden, weil er über keine eigene Energiequelle verfügt, spricht man von einem passiven Transponder. Im Unterschied dazu verfügen aktive Transponder über eine eigene Stromquelle. Neben der Seriennummer können durch diese Technologie auch zusätzliche Informationen auf einem Objekt hinterlegt werden und zudem besitzen manche RFID-Transponder Mikroprozessoren, mit denen eigene Berechnungen durchgeführt werden können. Die RFID-Technologie ermöglicht es ferner mittels Sensoren auf Veränderungen in der Umwelt zu reagieren und damit auf notwendige Korrekturmaßnahmen zurückzugreifen.[12]

Die Radiofrequenz-Identifikation wurde in der Vergangenheit insbesondere bei der Zugangskontrolle wie zum Beispiel bei Skianlagen, zur Tieridentifikation oder auch bei Wegfahrsperren verwendet. Die ständige Weiterentwicklung als auch die öffentliche Thematisierung der RFID- Transpondertechnik wie zum Beispiel durch den geplanten Einsatz in der Lieferkette von Handelsunternehmen oder in den Logistikprozessen großer Konzerne, führten dazu, dass diese Technologie an Bedeutung für die Verbesserung von betriebswirtschaftlichen Prozessen gewonnen hat. Durch den Einsatz von Radiofrequenz-Identifikation und die damit schnellere und bessere Informationsverarbeitung, werden schließlich Fehlerquoten minimiert, die Prozesseffizienz erhöht, die Produktqualität gesteigert, sowie Kosten eingespart.[13] Der Einsatz der RFID-Technologie bringt somit ein großes Potential in Bezug auf die Verbesserung der betrieblichen Wertschöpfungskette eines Unternehmens. Dennoch dürfen die Möglichkeiten

---

[11] Vgl. *Lampe* et al. (2005), S.2.
[12] Vgl. *Melski* et al. (2008), S. 1.
[13] Vgl. *Lampe* et al. (2005), S. 2.

12

der Radiofrequenz-Identifikation, in Bezug auf den betrieblichen Kontext, nicht überschätzt werden, da die Vielfalt der Technologie sehr groß ist und sie deshalb an die konkret zu erfüllenden Aufgaben angepasst werden muss. Weiterhin ist es wichtig, dass die Erkenntnisse aus dem Einsatz von RFID verbreitet werden, und dass stets zum Zweck der Verbesserung weitergeforscht wird.[14]

2.2 Vorteile des Einsatzes der RFID-Technologie

Den größten wirtschaftlichen Stellenwert nimmt die Verwendung von Radiofrequenz-Identifikation im Handel, in der Automobilindustrie und in der Logistik ein. Dabei spielen in Europa speziell deutsche Unternehmen eine wichtige Rolle, angesichts der Weiterentwicklung und Erforschung der RFID-Technologie. So verwendet der Handelskonzern Metro Group seit 2004 RFID für logistische Prozesse. Der Einsatz dieser Technologie brachte dem Unternehmen zahlreiche Vorteile, wie zum Beispiel Automatisierungseffekte bei der Erfassung von Wareneingang und Warenausgang, bei Inventurvorgängen, als auch bei der Ein- und Auslagerung, indem die die RFID-Transponder von den Lieferanten an den Paletten und an Verpackungen angebracht wurden. Zudem versucht die Metro-Group den Einsatz der RFID-Technologie auf die Produktebene in ihrem sog. Future Store zu erweitern. Dabei sind moderne Einkaufswagen mit einem eingebauten- RFID Lesegerät ausgestattet, welches es ermöglicht den Kunden Produktinformationen, als auch den Gesamteinkaufspreis anzuzeigen. Damit sollen mittels RFID, die persönlichen Präferenzen für den Einkauf des Kunden erkannt werden und gleichzeitig wird der Kassiervorgang beschleunigt, da die Produkte mit Transpondern ausgestattet sind, und ein solcher Einkaufswagen vom RFID-Lesegerät registriert werden kann.[15] Auf den Punkt gebracht führt der Einsatz von RFID bei der Metro Group im Handel und in der Industrie dazu, dass Prozesse effizienter ablaufen, die Wettbewerbsfähigkeit verbessert wird und damit Umsätze gesteigert werden können. Zusammenfassend lassen sich

---

[14] Vgl. Intelligente Logistiknetze mit RFID (2008), S. 5.
[15] Vgl. *Melski* et al. (2008), S. 469-470.

folgende Vorteile bei der Verwendung von RFID anhand dieses Handelskonzerns darstellen:

- Niedrigere Lagerkosten

- effizientere Prozesse bei der Herstellung und Logistik

- verbessertes Bestandsmanagement

- vereinfachte Rückgabevorgänge bei Umtauschaktionen

- verbesserte Rückverfolgbarkeit

- Flexibilisierung der Gestaltung des Sortiments

- Verringerung der Ausverkaufssituation

- Verbesserte Warensicherung entlang der Prozesskette

- Schutz vor Produktpiraterie

Für den Verbraucher, und dabei speziell der Einsatz von RFID bei der Metro Group im sog. "Future Store", führt hingegen der Einsatz von Radiofrequenz-Identifikation, zu beschleunigten Zahlvorgängen, sinkenden Prozesskosten und gleichzeitig zu günstigeren Preisen und allgemein zur Verbesserung des Kundenservice.[16]

Ein zweites Beispiel aus der Unternehmenspraxis zur Darstellung der Vorteile des Einsatzes von Radiofrequenz-Identifikation ist die Daimler AG. Konkret wurde von der Logistik des Mercedes-Benz-Werkes Berlin ein RFID-gestütztes Tracking von Motorladungsträgern entwickelt. Solche Motorladungsträger dienen hauptsächlich der Handhabung von Motoren innerhalb des Werkes und dem Versand durch die Motorenwerke Berlin an die Karosseriewerke des Daimler-Konzerns. Grundsätzlich werden beim Versand die Motoren und zugleich die Motorladungsträger, die für den Transport genutzt werden, mit einem Barcode erfasst. Der Nachteil liegt jedoch darin, dass die konkrete Menge an verschiedenen Varianten nicht ermittelt werden kann und außerdem Bestände in manchen Fällen manuell aufgenommen werden müssen. Das RFID-gestützte Tracking dieser Motorladungsträger soll es hingegen ermöglichen den Versand,

---

[16] Vgl. *Rob* (2005), S. 16-17.

14

die Rückverfolgbarkeit, als auch Umlagerungen in den Werken automatisch zu registrieren. Der Einsatz der RFID-Technologie soll dadurch genauere Informationen bezüglich der Bestände an Motorladungsträgern in den Motorenwerken der Daimler AG und im Versand an die Karosseriewerke vermitteln. Allgemein sollen die Bestände an Motorladungsträgern durch das RFID-gestützte Tracking verringert werden. Zugleich erlaubt es diese Technologie, die tatsächlichen Zeiten für den Umlauf der Motorladungsträger zu erfassen und den Versand der Motoren vollständig zu automatisieren, um dadurch den manuellen Aufwand für das Scannen von Motoren möglichst gering zu halten.[17]

Die Daimler AG setzt neben dem Tracking von Motorladungsträgern, zudem bei der Produktion des sogenannten Sprinters auf die RFID-Technologie. Konkret werden dabei vom Mercedes-Benz Werk bei der Produktion dieses Fahrzeugs, Seitensiegel und Sitze kontaktlos per Funk lokalisiert und identifiziert. Der Einsatz von Radiofrequenz-Identifikation erweist sich dabei als vorteilhaft für die Produktion und Logistik, da dadurch flexibel auf Veränderungen im Ablauf reagiert und der aktuelle Lagerbestand zu jeder Zeit ermittelt werden kann. In Bezug auf die Qualitätssicherung wissen die Mitarbeiter auf diese Weise stets, ob ein Bauteil auf dem richtigen Fahrzeug montiert wurde. Zugleich ermöglicht die RFID-Technologie, dass mit minimalem Aufwand und mit Hilfe der in den Datenbanken registrierten Informationen, auf einfache Weise nachvollzogen werden kann, welche Teile konkret verbaut worden sind.[18]

3. Aufgabe A3

3.1 Das Toyota Produktionssystem

Die Anfänge des Toyota Produktionssystems liegen im Jahr 1897, als der japanische Schreiner Sakichi Toyoda einen Webstuhl entwickelte, der einen

[17] Vgl. Intelligente Logistiknetze mit RFID (2008), S. 12.
[18] Vgl. *Daimler AG* (2021).

Fehler selbständig erkennen und die Maschine automatisch anhalten konnte. Daraus entwickelte sich im Laufe der Zeit das Jidoka Konzept („Automation mit menschlicher Note") und damit eine der beiden Säulen des Toyota Production Systems.[19] Im Jahr 1937 gründete sein Sohn Kiichiro Toyoda das Automobilherstellungsunternehmen Toyota, wo sich in der Folge das TPS entwickelte, um den Marktbeschränkungen der Nachkriegszeit und der damit verbundenen Fertigung von kleinen Mengen vieler Modelle bei geringer Nachfrage gerecht zu werden. Dabei war Toyota der Ansicht, dass diesen Gegebenheiten ausschließlich durch systematische und einwandfreie Beseitigung von Verschwendung und durch Wertlegung auf den Respekt vor Menschen, standgehalten werden kann.[20] Die Grundphilosophie des Toyota Produktionssystems beruht auf dem Umstand, dass auf unterschiedliche Nachfragesituationen stets dynamisch und flexibel reagiert werden kann. Dieses Ziel soll im Rahmen des TPS durch Vermeidung von Verschwendung und gleichzeitiger Berücksichtigung der Wünsche von Kunden erreicht werden. In Bezug auf die Verhinderung von Verschwendung sind in diesem Sinn direkte Verschwendungsarten wie Ausschuss, aber auch indirekte Verschwendung wie z.B. hohe Materialbestände, Überproduktion oder Wartezeiten von großer Bedeutung. Zum einen liegt der Fokus des TPS auf nachhaltigen Lösungen, andererseits wird ein großer Wert auf die Miteinbeziehung von Arbeitern in die Verbesserung des Produktionsprozesses gelegt. Somit werden im Gegensatz zur Fließbandarbeit im Rahmen des Toyota Production Systems, Arbeiter mit wesentlich schwierigeren Aufgaben, wie zum Beispiel der gesamten Montage einer Karosserie, anvertraut. Dadurch stehen sie einer komplexeren Aufgabenvielfalt gegenüber und haben zudem einen größeren Einfluss auf den Produktionsprozess. Dies führt zu einer Erhöhung der intrinsischen Motivation und gleichzeitig zur Optimierung von Prozessen, wodurch mehr Verantwortung in Bezug auf die Qualität eines Produktes und des Wohlergehens eines Unternehmens von Arbeitern empfunden wird.[21]Die Theorie des Toyota Produktionssystems wurde später von Taiichi Ohno, der für die Familie Toyoda arbeitete, schriftlich festgehalten. Er konnte die beiden Säulen des TPS, das sog. Just-in-time-Konzept und das Jidoka-Prinzip, und somit das Vorhandensein der

---

[19] Vgl. *Fiedler* (2018), S. 40.
[20] Vgl. *Schäfer* (2015), S. 36.
[21] Vgl. *Schäfer* (2015), S. 35.

richtigen Bauteile zur richtigen Zeit und am richtigen Ort mit der Symbiose von Mensch und Maschine, verknüpfen. Bis heute konnte sich das Toyota Produktionssystem als führende Geschäftsphilosophie etablieren, weil es zahlreiche Vorteile bezüglich der Effizienz und Qualität der Produktion mit sich bringt. Es handelt sich schließlich um ein Produktionssystem, welches Mitarbeitern die Möglichkeit bietet durch kontinuierliche Verbesserung von Prozessen die Qualität, als auch die Vermeidung von natürlichen, menschlichen und unternehmerischen Ressourcen zu fördern.[22] Das Toyota Produktionssystem kann zusammenfassend als ein mitarbeiterorientiertes, hochdynamisches und innovatives Konzept, welches die Arbeiter eines Unternehmens als "Mit-Arbeiter" definiert. Im TPS wird, im Kontrast zur Fertigung traditioneller Prozesse, stets eine Null-Fehler-Toleranz angestrebt, wodurch alle Fehlerursachen unmittelbar behoben werden. „Bei einem europäischen Automobilkonzern einer Premiummarke kamen die Forscher des MIT bei der Untersuchung von Produktionsmethoden zu der Erkenntnis, dass mehr Zeit mit der Behebung von Fehlern verbraucht wurde, als mit dem TPS für die Produktion eines ganzen Fahrzeugs aufgewendet wurde."[23]

3.2 Just-in-Time

Die Grundphilosophie des Toyota Produktionssystem beruht auf den beiden Säulen des Just-in-Time und des Jidoka, die der Produktionsoptimierung dienen. Unter der Just-in-Time-Produktion versteht man, dass alle benötigten Teile und Vorgewerke, immer nur dann am Verarbeitungsort bereitgestellt werden, wenn sie an diesem auch tatsächlich benötigt werden. Das erforderliche Material soll demnach erst zum Zeitpunkt der Verarbeitung am richtigen Ort eintreffen. Folglich führt dieses Konzept zu einer Verkleinerung der Lagerbestände. Hohe Lagerbestände sollen grundsätzlich nach dem Prinzip des TPS vermieden werden, da sie Verschwendung, auch Muda genannt, darstellen. Das Just-in-Time-Prinzip gewährleistet einen ständigen Materialfluss, vermeidet das Aufbauen oder Stocken von Puffern in Lagern und begünstigt die einwandfreie

---

[22] Vgl. Das Toyota Produktionssystem und seine Bedeutung für das Geschäft (2010), S. 5-7.
[23] Vgl. *Fiedler* (2018), S. 47.

Verarbeitung von Materialien. Man richtet sich dabei stets an der Nachfragesituation des Kunden, welcher durch seine Bestellung den Bedarf entstehen lässt und damit den Beginn der Produktion auslöst. Dieses Konzept wird als Pull-System bezeichnet, da im Unterschied zur Massenfertigung, die Produktion von der Nachfrage gesteuert wird und daher erst bei tatsächlichem Bedarf produziert wird. Eine Kanban-Karte stellt hierfür eine einfache Hilfestellung dar. Sie wird für die Anforderung von Teilen und Materialien nach Bedarf verwendet und mittels Anweisungen vom Bediener stellt sie die Just-in-Time-Lieferung sicher. Eine niedrige Fehlertoleranz ist überdies für den reibungslosen Ablauf einer Just-in-Time-Produktion notwendig, damit sich die richtigen Materialien und Teile, am richtigen Ort und zur richtigen Zeit befinden. Es ist daher erforderlich, dass die Mitarbeiter eines Unternehmens mit TPS-Geschäftsphilosophie, ein weit umfassendes Knowhow besitzen, ein gewisses Maß an Erfahrung mit sich bringen und folglich in der Produktion eingespielt sind. Die Just-in-Time-Fertigung zielt dabei stets auf einen ausbalancierten Produktionsprozess ab, worunter verstanden wird, dass mit optimalen Mitarbeitereinsatz und optimaler Menge an Maschinen ein kontinuierlicher Produktionsprozess ermöglicht wird. „Es treten dabei keine Pufferbestände einerseits oder Überstunden und Zusatzschichten in Teilbereichen der Fertigung andererseits auf. Die ausbalancierte Produktion ebnet eine einheitliche Produktionsgeschwindigkeit und ermöglicht die höchste Produktivität."[24]

Anhand einer Studie des Massachusetts Institute of Technology (MIT) aus einem Zeitraum zwischen 1985 und 1990 wird deutlich, dass bei einer Ausrichtung der Automobilproduktion an einem Just-in-Time-Ansatz, die durchschnittliche Lagerdauer von acht ausgewählten Teilen in Japan auf 0,2 Tage gesenkt wurde. Die Lagerung dieser Teile dauerte hingegen bei regulärer Produktionsweise bei amerikanischen Unternehmen, im Mittel 1,6 Tage. Besonders interessant ist dabei, dass die Dauer bis zur vollständigen Fertigung eines Fahrzeugs bei japanischen Unternehmen im Schnitt 16,8 Stunden pro Fahrzeug betrug, während diese Zahl bei amerikanischen Unternehmen bei 25,1 Stunden und in europäischen Unternehmen bei sogar 36,2 Stunden pro Fahrzeug lag. Dies lässt

---

[24] Vgl. *Fiedler* (2018), S. 49-50.

sich mit großer Wahrscheinlichkeit auf die Erhöhung der Produktivität durch das Toyota Produktionssystem zurückführen.[25]

	Japanisches Unternehmen in Japan	Japanisches Unternehmen in Nordamerika	Amerikanisches Unternehmen	Europäisches Unternehmen
Produktivität (h/Fahrzeug)	16,8	21,2	25,1	36,2
Qualität (Fehler/100 Fahrzeuge)	60,0	65,0	82,3	97,0
Flächenbedarf Reparatur (in% der Produktionsfläche)	4,1	4,9	12,9	14,4
Lagerdauer in Tagen (für 8 ausgewählte Teile)	0,2	1,6	2,9	2,0
Anteil der Just-in-Time gelieferten Teile	45,0 %	35,4 %	14,8 %	7,9 %
Vorschläge zur Verbesserung pro Arbeiter	61,6	1,4	0,4	0,4

Abbildung 5: Vergleich von Produktionssystemen zwischen 1985 und 1990 (Quelle: Fiedler (2018), S. 44)

3.3 Jidoka

Neben des Just-in-Time-Ansatzes stellt das Prinzip des Jidoka den zweiten Pfeiler bzw. die zweite Säule des Toyota Produktionssystems dar. Dieser Begriff bezieht sich auf die Interaktion zwischen Mensch und Maschine, und kann im Prinzip als „Automation mit menschlicher Note" definiert werden. Jidoka weist in Bezug auf die Optimierung der Produktion einen Qualitäts- als auch einen Prozesscharakter auf. Zunächst liegt die Betonung auf der stetigen Verbesserung von Prozessen, gleichzeitig soll aber auch die Qualität in jedem einzelnen Fertigungsschritt überwacht und verbessert werden. Im Sinne des Jidoka Konzepts müssen alle Arbeiten, die zu einem Ergebnis führen, welches außerhalb der Norm liegt, zu einem vorübergehenden Produktionsstopp führen.

---

[25] Vgl. *Fiedler* (2018), S. 44.

Daraufhin wird sofort nach den Gründen gesucht, die zum Halt in der Produktion geführt haben, um schließlich durch Analyse und Abstellung der Ursachen das Problem zu beseitigen.[26] Die Zielsetzung des TPS-Prinzips des Jidoka besteht folglich darin, dass in jedem Schritt der Produktion Qualitätskontrollen eingebaut werden, um Abweichungen frühzeitig zu erkennen und im Falle eines Mangels oder Fehlers die passende Lösung zur Behebung des Problems zu finden. Insofern ist es gemäß Jidoka stets notwendig den Ursprung des Fehlers aufzusuchen, damit Verbesserungen im Produktionsprozess vorgenommen werden können. Probleme müssen im Toyota Produktionssystem über das Genchi Genbutsu aufgesucht werden. Damit wird die eigenständige Beurteilung eines Problems bezeichnet, indem „zur Quelle gegangen" und eine umfassende Analyse der Ursache ermöglicht wird. Demnach ist jedes Teammitglied für die eigenständige Durchführung von Qualitätskontrollen zuständig und dahingehend dafür verantwortlich, dass im Falle des Auftretens eines Mangels oder Fehlers, das Problem eigenständig beurteilt wird. In Bezug auf die praktische Umsetzung des Jidoka-Konzepts, stellt die sogenannte Andon-Tafel eine einfache Hilfestellung dar. Sie ermöglicht es den Status der Fertigungslinien anzuzeigen und wenn ein Mitarbeiter einen Fehler entdeckt, informiert sie unmittelbar die Unternehmensleitung. Schließlich müssen die Mitarbeiter die Fertigungslinie stoppen, wenn ein Problem auftritt, da sie für die Qualität der Produktion verantwortlich sind. Infolgedessen wird zur Sicherung der Qualität großer Wert auf die Standardisierung von Arbeitsaufgaben gelegt. Damit soll nicht nur ein hohes Qualitätsniveau gesichert werden, sondern zudem auch das Tempo der Produktion aufrecht erhalten bleiben und Möglichkeiten zur ständigen Verbesserung der Produktionsprozesse geschaffen werden.[27]

Ein weiteres bedeutendes Konzept in der Geschäftsphilosophie des Toyota Produktionssystems, und speziell im Rahmen der Optimierung nach Jidoka, ist Poka-Yoke. Damit werden kreative Möglichkeiten zur Vermeidung von Fehlern und zur Sicherung der Qualität verstanden. Es bezieht sich konkret auf Vorrichtungen mit denen Fehler auf dem Arbeitsplatz umgangen werden sollen. So sind beispielsweise Steckdosen und Stecker nach Poka-Yoke-Verfahren so konzipiert, dass ein Arbeiter bei der Anwendung vor Gefahren geschützt ist.

---

[26] Vgl. *Fiedler* (2018), S. 48.
[27] Vgl. Das Toyota Produktionssystem und seine Bedeutung für das Geschäft (2010), S. 10.

Zudem können durch Poka-Yoke neue Arbeiter an Maschinen eingesetzt werden, weil diese so gefertigt sind, dass eine mechanische Sicherung, Fehlbedienungen verhindert. Es handelt sich demnach um ein Verfahren zur Identifizierung und Beseitigung von Fehlerquellen, bevor ein Fehler überhaupt auftreten kann. Arbeitsschritte, die nach Poka-Yoke konzipiert sind, verhindern somit falsche Ausführungen und in der Folge das Entstehen von Fehlern. Somit stellt das Konzept eine elementare Grundlage für die TPS-Säule des Jidoka und in diesem Sinne für das Zusammenspiel von Mensch und Maschine zur Optimierung von Produktionsprozessen dar.[28]

3.4 Kaizen

Der Begriff Kaizen stellt die grundlegende Philosophie von Toyota und damit einen bedeutenden Aspekt des Toyota Produktionssystems dar. Unter Kaizen versteht man, dass alle Organisationsmitglieder, auf allen Ebenen des Unternehmens, ständig nach Möglichkeiten zur Verbesserung der betrieblichen Prozesse suchen. Alle Teammitglieder innerhalb des TPS sollen demnach bei der Verrichtung ihrer Arbeit selbständig mitdenken, und werden infolgedessen für den Erfolg der betrieblichen Prozesse mitverantwortlich, wodurch die Qualität, als auch die Arbeitseinstellung gefördert wird. Kaizen zieht dabei jeden Einzelnen in die Entwicklung und Einführung von Verbesserungen mit ein, anstatt sich lediglich auf die Unternehmensleitung oder auf das Wissen von Experten zu verlassen. Durch Kaizen, bzw. speziell betrachtet, durch die Nutzung der Kompetenzen der einzelnen Teammitglieder, gelingt es bspw. den jeweiligen Toyota Produktionsstandorten in. Überdies soll durch die „5 S"-Prinzipien, jedes Teammitglied der gesamten Organisation, die Effizienz und den Stolz am Arbeitsplatz aufrechterhalten. Diese sind: Sieben, Sortieren, Säubern, Systematisieren und Selbstdisziplin. Auf den Punkt gebracht ist Kaizen eine

---

[28] Vgl. *Fiedler* (2018), S. 48-49.

Einstellung, die durch kontinuierliches Suchen nach Verbesserungen im Produktionsprozess, hervorragende Produkte für den Kunden gewährleistet.[29]

Abbildung 6: Das Toyota Produktionssystem (Quelle: Fiedler (2018), S. 50)

---

[29] Vgl. Das Toyota Produktionssystem und seine Bedeutung für das Geschäft (2010), S. 12- 13.

Abbildungsverzeichnis

Literaturverzeichnis

Daimler AG (2021), Mercedes-Benz Vans. Intelligente Produktion für neuen Sprinter, in: https://www.daimler.com/innovation/case/connectivity/vans-intelligente-produktion.html.

(2010), Das Toyota Produktionssystem und seine Bedeutung für das Geschäft.

Fiedler, M. (2018), Das Toyota-Production-System – TPS. In: *Fiedler, M.* (Hrsg.), Lean Construction – Das Managementhandbuch, Berlin, Heidelberg, S. 39–63.

(2008), Intelligente Logistiknetze mit RFID. Praxisnahe Informationen für Hersteller, Anwender und Dienstleister.

Kluck, D. (2008), Materialwirtschaft und Logistik. Lehrbuch mit Beispielen und Kontrollfragen, 3. Aufl., s.l.

Kraus, G. (2018), Was tun, wenn sich zwei Ziele nicht unter einen Hut bringen lassen? in: https://www.impulse.de/management/unternehmensfuehrung/zielkonflikte/7306625.html?conversion=ads, abgerufen am 17. 6. 2021.

Kraus & Partner, Zielkonflikt - Definition. Kraus & Partner - Lexikon - Wirtschaftsbegriffe einfach erklärt, in: https://www.kraus-und-partner.de/wissen-und-co/wiki/zielkonflikt-unternehmen-zielkonflikte-fuehrungskraefte-managen, abgerufen am 17. 6. 2021.

Lampe, M./Flörkemeier, C./Haller, S. (2005), Einführung in die RFID-Technologie. In: *Fleisch, E./Mattern, F.* (Hrsg.), Das Internet der Dinge, Berlin/Heidelberg, S. 69–86.

Melski, A./Thoroe, L./Schumann, M. (2008), RFID – Radio Frequency Identification, Informatik-Spektrum, 31. Jg., Nr. 5, S. 469–473.

Opresnik, M. O./Rennhak, C. (2015), Allgemeine Betriebswirtschaftslehre, Berlin, Heidelberg.

Rob, P. (2005), Die METRO Group Future Store Initiative, MGI METRO Group Information Technology GmbH.

Schäfer, D. (2015), Lean und das Toyota Produktionssystem. In: *Schäfer, D.* (Hrsg.), Lean-Informationstechnik im Finanzdienstleistungssektor, Wiesbaden, S. 35–61.

Sommerer, G. (1998), Unternehmenslogistik. Ausgewählte Instrumentarien zur Planung und Organisation logistischer Prozesse, München.

Wannenwetsch, H. (2021), Integrierte Materialwirtschaft, Logistik, Beschaffung und Produktion, Berlin, Heidelberg.